Дмитрий  Держируков

Ночной Листопад

РИПОЛ
КЛАССИК

МОСКВА, 2006

УДК 82-1
ББК 84(2Рос=Рус)6-5
Д36

Держируков, Д. Б.

Д36   Ночной листопад: сб. стихотворений/ Дмитрий Борисович Держируков. — М.: РИПОЛ классик, 2006. — 160 с.

ISBN 5-7905-4776-1

Что обнаружит взыскательный читатель в поэзии Дмитрия Держирукова? Особый лиризм, неповторимые образы любимого края, попытку разгадать тайну и душу родной страны и ее народа. Изумительная мелодичность поэтической речи автора, изящный слог, самоуглубленность раздумий о том, что не может не волновать каждого из нас,— свидетельства живой традиции любимого всеми русского стихосложения.

УДК 82-1
ББК 84(2Рос=Рус)6-5

ISBN 5-7905-4776-1

Ночная даль

* * *

Холодный вечер ушедшей юности,
Как свет черемух в ночном окне.
О чем мечтал я, то вряд ли сбудется,
Но, что не сбылось,— всегда во мне.

Все в жизни было: снега и трудности,
Ночные села в тревожном сне...
Холодный вечер ушедшей юности
Горит звездою в моем окне.

Остались в сердце равнины скудости
И скорбь о нищей моей стране.
Холодный вечер ушедшей юности
Растаял дымом в чужой весне.

* * *

Где ты ныне, родина, —
Милое, святое?
В реку ли уронено
Кольцо золотое?

Где ты — за туманами,
Дом с печалью матери?
Отчего бесправие
Смотрит нищей с паперти?

Вновь кресты да вороны
Во поле невспаханном,
Вновь родные стороны
Зачадили страхами.

И в каком затоне то
Кольцо золотое?
Что ты ныне, родина, —
В памяти былое?

* * *

Ты уйдешь с золотым листопадом
Светлым утром в осеннюю даль.
Я найду за покинутым садом
Приоткрытой калитки печаль.

Твои сны, ожиданья и слезы
Станут эхом иных берегов,
Лишь услышу в опавших березах
Тихий шелест прощальных шагов.

Не зови золотым листопадом,
Не мани в уходящую даль,
Где сквозит за покинутым садом
Приоткрытой калитки печаль.

* * *

В тумане надежд есть родительский кров,
Где память о прошлом и Бог Саваоф.

Там веет прохладой с далеких озер
И неба синей моей матери взор.

Там месяц в листве сквозь волнистую тень
Баюкает нежные сны деревень.

Клубится туман белым дымом до звезд,
Нездешней печалью окутан погост.

Пусть чаще мне снится родительский кров,
Где память о прошлом и Бог Саваоф.

Где веет прохладой с далеких озер
И неба синей моей матери взор.

Русское

Равнинная зыбь, дым низин и оврагов,
Холодный пустой небосклон,
И зори ночные, как тени варягов,
Идут мимо спящих окон.

Кому ты досталась, о юность, о удаль —
Забытая песнь вдалеке
Про Русь молодую, про Китеж и Суздаль,
Про церковь на белой реке,

Про то, что еще от родителей знали,
Что прадеды так берегли,
Что мы навсегда просто так потеряли,
Как горстку ненужной земли?

Как грусть наших русских низин и оврагов,
Свет тихий старинных икон...
Последние зори, как тени варягов,
Идут мимо спящих окон.

* * *

Осыпан янтарем безмолвный лес,
И тонкий месяц серебрит осины.
Молчат под куполом ночных небес
Бескрайние забытые равнины.

Да, вот она, моя родная даль
И скорбь, которую нельзя измерить,
Вся вековая русская печаль,
Все то, чему я не могу не верить.

Здесь предстоит и жить, и умирать,
Но отчего молчат поля уныло?
На что надеяться, о чем мечтать
В стране, которая себя забыла?

Темно под куполом ночных небес,
И стелется, как дым, туман в низины.
Осыпан янтарем холодный лес,
И тонкий месяц серебрит долины.

* * *

Там, где рассвет запоздалый
Смотрит в озерную тишь,
Думал я часто о славе,
Глядя на синий камыш.

В заводи — белая церковь,
Льется загадочный свет.
Тихая радость не меркла
В снах нерастраченных лет.

Вот уже ветер полощет
В утренних зорях леса.
В светлой березовой роще,
Словно невеста, весна...

Быстро прошли эти годы,
В полночь растаяв, как звон.
Бедность, снега и невзгоды
Счастья развеяли сон.

Новой счастливой дороги
В русской судьбе не найти.

Вместе нам, край мой убогий,
В скудные дали идти.

С ношею скорби немалой
Вместе с тобой встретим лишь
Горький простор одичалый,
Дней догорающих тишь.

Тихи за рекою погосты,
О чем-то туманится даль.
И снова бескрайние версты,
И снова на сердце печаль.

Не видно звезды над долиной,
И старость, как ночь, впереди.
Хоть ты серебристою ивой
Дорогу мою освети,

Чтоб смог я достойно и просто
Уйти в незнакомую даль...
Тихи за рекою погосты,
И пройденной жизни не жаль.

Веет лунной печалью ночной листопад,
Листья падают, листья летят,
Осыпается сад, наш покинутый сад.
Мне теперь не вернуться назад

В ту долину весной, где я утру был рад,
Где не знал ни тревог, ни утрат.
Веет лунной печалью ночной листопад,
И уже не вернуться назад.

* * *

Вновь дымом струится речная вода
И ночи светлы в холода.

Лишь месяц горит одиноко в реке,
Как будто костер вдалеке.

Еще один день, словно странник, ушел
В страну белых яблонь и сел.

Бежит, точно время, речная вода,
И в сумраке тонут года.

Все крепче с ушедшим судьбы моей нить,
Но надо по-новому жить.

А месяц скользит по безмолвной реке,
И юность уже вдалеке.

* * *

Мне во сне царевна снится
Над своей рекой.
В синем поднебесье птицы,
Лето и покой.

Мне во сне приснились снова
Те, кого уж нет,
Кто не знал родного крова
Уже много лет.

Мне во сне Христос явился
С нимбом золотым.
Я о счастии молился,
Плакал вместе с Ним.

И о чем-то пели птицы,
Может, о весне,
И царевна из светлицы
Улыбалась мне.

* * *

В мечтах зову вас лишь на «вы»,
Ваш образ, как весна, приволен.
Вы — свет предутренней листвы,
Печаль вечерних колоколен...
Мне вечно звать вас лишь на «вы».

* * *

Есть забытая песнь о далекой стране —
О погибшей моей стороне.

Вечным сном беспечальным там многие спят,
И погосты травою шумят.

Нет тревог там под сенью плакучих берез,
Тихой скорби и пролитых слез.

То, что было,— прошло, отшумело... Не жаль —
Будет новая светлая даль:

Сад осенний, за домом песчаный откос,
Под рябиною красной Христос.

Нежен взгляд у Него и улыбка легка,
Словно в утреннем сне облака.

И он спросит о тех, кто был дорог так мне,
О погибшей моей стороне.

Где до Светлого дня они сном вечным спят
И березы над ними шумят.

* * *

Встречу день в позабытом скиту,
Средь небесных берёз золотых.
Навсегда сохраню чистоту
Ясных истин, для сердца простых.

И пройду по дорогам глухим,
По увядшей и пыльной траве.
От невзгод буду кем-то храним,
Кто-то тихо вздохнет обо мне.

Я смирюсь со своею судьбой,
Мне теперь ни о чем не забыть —
Буду нищим, с холщовой сумой,
Этот край невеселый любить,

Чтоб всей скорби познать высоту,
Не отречься от далей родных...
Встречу ночь в одиноком скиту
Средь поникших берёз золотых.

Ночь на Ивана Купалу

Той ночи безмолвная тень
Колдуньей под утро растает.
Средь белых берез новый день
Твою тишину опечалит.

И вспомнится: пела свирель
Тебе за рекой отдаленной,
Цветами туманился хмель
В душе безрассудно влюбленной,

И нежно звучали слова
Прекрасные неповторимо...
Но тот, кого страстно ждала,
Прошел, не узнав тебя, мимо,

И ты не смогла превозмочь
Тех чар, что судьба обещала.
И жизнь промелькнула, как ночь,
Как сон на Ивана Купалу.

Предсказание

Вновь временам кровавой смуты
        Быть на Руси.
Пройдем сквозь ночь, безмолвны и разуты, —
        Господь, спаси!

И упадут людские тени
        Под звон оков.
Не услыхать сквозь вой метели
        Колоколов.

Все мы судьбой своей калеки,
        В душе — надлом.
И тает свечкою навеки
        В долине дом.

Красней часовен кровь и глина
        Замерзших нив.
Кто завтра в тьму ночную сгинет,
        Кто будет жив?

А в милость и копейки гнутой
        Уж не проси.
Вновь временам кровавой смуты
        Быть на Руси.

Образок

Ты наденешь мне свой золотой образок,
Поцелуешь меня, словно брата сестра.
Моя жизнь внесена в поминальный листок —
Нежно вздрогнут твои в тихой скорби уста.

Я уйду в синий дол и вечерний туман,
Где средь черных затонов златая коса.
Твоей юной звездой навсегда осиян,
Моя юность, любовь, в белой роще весна.

Вспыхнет небо, окрасится ярким восток,
Ночь в молчании трав будет влажно густа.
Ты наденешь мне свой золотой образок
И обнимешь меня, словно брата сестра.

* * *

Рощи туманные — призраки ночи,
Что вы тревожите душу мою?
Месяца серп о грядущем пророчит:
Снова невесело в нашем краю.

Много вокруг появилося странных,
Пришлых людей. Наважденье иль нет?
Гибнет страна, тонет в рощах туманных,
Все забывается в сумраке лет.

Вот еще день один в сумерки минул,
И загрустил я о нашей судьбе:
Те, кто еще не пропал и не сгинул,
Век доживут — каждый сам по себе.

Быстро пройдет моя жизнь среди прочих,
Грустно о юности песню спою...
Рощи туманные — призраки ночи,
Что вы встревожили душу мою?

* * *

Любит нежно она
Первых листьев слова
В дни, когда оживает весна.

И когда синева,
И молчит тишина,
И она лишь одна у окна.

А когда синей ночью
Молчат терема,
Вся душа ожиданьем полна.

Тихим счастьем
Зовут за рекой купола
В край, где вербою белой весна.

* * *

В долгие сумерки, в годы безвременья,
В скучных неделях, неласковых днях
Я вдруг услышу далекое пение,
Повесть о светлых, нездешних краях.

Ласково там зеленеют долины,
Летний покой, словно омут глубок,
Тихо волнуются вольные нивы,
И набегает ночной ветерок.

Травы мерцают холодной росою,
В лунной листве, в серебре зеленя,
Месяц взойдет над речною косою,
Все успокоит, утешит меня.

Жду я какой-то назначенной встречи,
В сумраке яблони снегом цветут.
Те, кто в полях невозвратных далече,
Передо мной как живые встают.

И забываются годы безвременья,
Скучные дали и серые дни,
Словно в осенней и зябнущей темени
Кто-то зажег золотые огни.

* * *

Затоскую по отчему дому,
По забытой своей стороне.
Но не сложится жизнь по-другому,
Не привидится даже во сне.

Где ты ныне, приют мой печальный?
Близок сердцу потерянный кров.
Снова веет нездешнею тайной
Через сумрак прошедших годов.

Вновь грустны над полями закаты,
Даль окутал вечерний туман.
Я увижу погосты и хаты,
Буду горькою радостью пьян.

Оттого, что прожить по-иному
Не придется теперь уже мне
Там, где ветер колышет солому
И черемухи гнутся в окне.

* * *

Отуманен осенней мечтой,
Я забытое счастье ищу.
Захожу в тихий лес золотой,
О тебе, невозвратной, грущу.
Словно терем, молчит вольный лес золотой.

Опечален нездешней мечтой,
Я зову угасающий день.
Опьяненный навеки ушедшей весной,
Вспоминаю твой взгляд, в белой дымке сирень...
Опечален навеки ушедшей весной.

Очарован улыбкой твоей,
Вижу вновь за рекою вечерний костер,
Словно отблеск далеких, утраченных дней.
И молюсь, вспомнив братьев своих и сестер.
Очарован печалью твоей.

* * *

Знаю, в имени есть твоем
Что-то близкое, что-то дальнее.
В поле ветер ночной поет —
Этой музыки нет печальнее.

А когда-то встречал нас день
Тихим светом и солнцем в горнице,
И с утра золотая тень
Набегала небесной конницей.

Что осталось от прежних дней?
Голоса, уж почти забытые,
Грусть ушедших навек людей
В тайну лет, от живых сокрытую.

Я ведь помню, помню о том...
Было утро такое раннее...
И в молчании есть твоем
Что-то близкое, что-то дальнее.

* * *

Ты помнишь летние долины
И рощу с тихою луной,
Реки серебряной извивы,
Мерцание плакучей ивы,
Полночной заводи покой,

И край, где отшумели годы
Моих надежд, моих тревог,
Где были радость и невзгоды,
И песнь забытая свободы,
Которую забыть не мог?

И, словно снег, отца седины,
И голос матери родной...
Ты помнишь летние долины,
Реки серебряной извивы
И рощу с ясною луной?

Быль

Мечтал я встретить девушку печальную
С улыбкой тихой, с нежною душой
И подарить кольцо ей обручальное,
И к ней приехать раннею весной,
Когда шумит листвой ольха венчальная.

Я видел, как уходит в рощу дальнюю
Весна моей несбывшейся мечты,
И, словно слезы чистые, хрустальные
Упали звезды с темной высоты
Иль, может, о любви слова прощальные.

Я встретил старость близкую, не дальнюю,
Колдуньей шедшей из страны лесной.
Забыл про юность — девушку печальную
С нездешнею и нежною душой.
К ней не приехал раннею весной
И ей не подарил кольцо венчальное.

* * *

Мне дорого все то, к чему хоть раз касалась
Спокойная твоя и нежная рука.
Я вспоминал тебя, и мне тогда казалось,
Что будет жизнь моя твоей судьбой легка,

Что я найду в глазах твоих печаль, бессмертье
И солнечную даль, где дарит счастье день.
Я научусь любить и не бояться смерти,
Когда крадется в дом с ночных погостов тень.

И я хочу, чтоб ты беспечно улыбалась,
А утром над тобой клубились облака.
Мне дорого все то, к чему хоть раз касалась
Веселая твоя и легкая рука.

Заколдованный край

Мой край, ты лесными колдуньями
Укрыт от тревог был когда-то.
Неведомы были утраты,
И живы все те, кто уж умерли.

Мой дом, ты лесными колдуньями
Спасен от невзгод был когда-то.
Встречал в тихих рощах закаты,
Не гнулся под зимними бурями.

Луга зацветали, лесными колдуньями
Манили поля нас весенние.
И в сердце Исус был и вера в спасение
Перед испытаньями трудными.

Но все миновало. Лесными колдуньями
Приходят ко мне тени прошлого,
И дом мой снегами стоит запорошенный,
Один, с невеселыми думами.

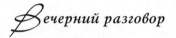

Вечерний разговор

Здравствуй, тополь серебристый!
Не устал еще стоять?
Свет из детства льется чистый.
Здравствуй, дорогая мать!

Нет тебя, но где-то рядом
Слышу, слышу голос твой,
Может быть, за спящим садом,
Может, за ночной рекой.

Верю я, что будем вместе
Мы когда-нибудь опять.
Расскажу я о невесте
И тебя смогу обнять.

Со слезами грусти чистой
Станем близких вспоминать...
Здравствуй, тополь серебристый,
Здравствуй, дорогая мать.

* * *

В моей душе — Христос и Родина,
И песнь твоя,
Что в сердце памятью заронена
В иных краях.

В краях, где утренним бессмертием
Дышала грудь,
Где день был ясный и безветренный,
Как летний путь,

Где замирал далекий колокол
Среди небес
И солнце пряталось за облаком,
И тих был лес.

И вечера дымились знойные
Сквозь ветел сушь,
И свисты слышались разбойные
В ночную глушь.

И не была, как цепью, скована,
Тоской звеня,
Моя судьба — Христос и Родина,
И песнь твоя.

* * *

В туман ночных лугов вдовой уходит лето,
Забыв о тех цветах, что ей дарил апрель.
И в роще золотой в молчании рассвета
Прольется о былом прощальная свирель.

О, краткий сон любви... Ненастья до рассвета
Ветрами опалят берез беспечных бель.
В серебряных лугах огнем погаснет лето,
Забыв о юных днях, где ждал ее апрель.

День тихий, словно утро похорон,
Как будто близок вечный час разлуки.
И тень зимы среди опавших крон
К моей судьбе протягивает руки.

Все то, что золотило лес, холмы,
Еще вчера надеждою дышало,—
Услышало дыхание зимы
И, не успев доцвесть, уже увяло.

Не так ли жизнь — короткий летний сон,
Единый миг, заря июньской ночи...
Я слышу за рекой прощальный звон,
И покидать юдоль душа не хочет.

В каких краях найти тот светлый сон,
Где живы все, где вечной нет разлуки?
Где утро, словно в рощах перезвон,
И тень зимы среди опавших крон
Не тянет к сердцу стынущие руки.

* * *

В полночь русалка лес фиолетовый
Бледной рукою зажгла.
Ожили тени — забытые, летние,
На миг расступилася мгла.

Сердцу тревожно. За рощею мглистою
Трудно дорогу найти.
В саване белом, с поникшими листьями
Сгорбилась ночь на пути.

Осень по рощам сквозит увяданием,
Ладаном мертвых болот
И запоздало прощальным признанием
В дали ночные зовет,

Где тишиною и тайной рассветною
Дышит росистая мгла,
Где бледной рукою лес фиолетовый
В полночь русалка зажгла.

Лазоревый осенний сад!
То бирюзово-золотой,
То красно-синий, где закат
Смешался с небом и листвой.
Лазоревый вечерний сад...

Лазоревый прощальный сад!
Стоишь пред белою зимой.
Я забываю боль утрат,
Когда с тобой, когда с тобой,
Лазоревый забытый сад.

Я всех живых здесь встретить рад
И тех, кто в памяти — живой.
Лазоревый и милый сад,
Сад бирюзово-золотой,
Всегда со мной, всегда со мной.

Русская повесть

Где вы теперь? Только дом на окраине
Счастье хранит в голубом палисаднике.
Утро приходит, беспечное, раннее,
И облака проплывают, как всадники.

Помните ль вы, как во времени давешнем
Я вас встречал здесь с улыбкой счастливою?
Как было молодо, весело, радостно —
Жизнь не казалась напрасной, унылою.

Плачем ли горьким весельем ли, смехом ли —
Нас закружило вдруг всех лихолетие.
Вы навсегда, не простившись, уехали
В дали иные, в иные столетия.

Стелется белый туман над долиною,
Кажется песня моя не последнею.
Молодость грустью звенит тополиною
И за рекой угасает вечернею.

Счастье, вернись хоть на миг в утро раннее!
Весть о весне принесите мне, странники.
Милая, вы... Лишь ваш дом на окраине
Помнит живых в голубом палисаднике.

* * *

Вы в памяти, как лето, умерли,
Когда над речкою закат.
Лишь фиолетовые сумерки
О безысходности звенят.

Вы улыбались нежно, преданно
В жасминовые вечера.
И вами было это сделано —
Чтоб я погиб еще вчера.

Я постигал ваш взгляд таинственный,
Изгибы рук, припухлость губ.
И вы казались мне единственной,
Но только я вам не был люб.

Стучат бессонницы колесики,
В них темной ночи колдовство.
И шрамами лесные просеки
Покрыли осени вдовство.

Лишь фиолетовые сумерки
Холодным пламенем горят.
Вы в памяти, как лето, умерли,
Растаяв в череде утрат.

* * *

Мы быстро состаримся в этой стране,
Уснем придорожными травами
И только однажды увидим во сне
Себя в беззаботной и нежной весне
Детьми, несмышлеными, малыми.

Вот дождик опять моросит на дворе
И тучки барашками белыми.
Азартно и весело нам, детворе,
Быть в играх беспечными, смелыми.

И видеть: с лугов поднимается пар,
Над рощею туча, как кружево,
На старой террасе кипит самовар
И ждут нас родители к ужину.

Ночь будет светла, будет в сердце покой,
И ляжет в долине прохлада.
Вновь звезды зажгутся над тихой рекой,
Над сумраком синего сада.

А завтра, быть может, еще на заре
Придет снова лето бескрайнее

И будут березы стоять в серебре.
А тайна — нездешняя, дальняя,

Как птица, мелькнет в поднебесном огне
И вспыхнет цветами, купавами...
И жизнь пролетит быстро, словно во сне,
Растает с ночными туманами.

* * *

Так тихо и светло мерцали в вашем доме
За шторой кружевной веселые огни...
И опускалась ночь. И кто-то на пароме
Негромко песню пел о счастье и любви.

Я был в мечтаньях смел. Не потому, что молод,—
Я не успел испить всей горечи до дна.
И в шуме тополей качался летний город.
Я знал, что нравлюсь вам. И то, что вы — одна.

И вы сказали мне с печальною улыбкой,
Что жизнь не удалась. Что вы — не молода.
И ночь была светла. И все казалось зыбким,
Но память сохранит ту встречу навсегда.

Прошли, как сон, года нерадостных скитаний.
Я к вам приехал вновь сквозь сумрак скучных лет.
Я этой встречи ждал. Но тихо мне сказали,
Что здесь — иная жизнь. Что вас... на свете нет.

И вот стою один. И ничего нет, кроме
Полузабытых слов о счастье и любви.
Так нежно и светло мерцали в вашем доме
За шторой кружевной волшебные огни.

* * *

Холодные дожди, поникшие сирени,
И горечь о тебе, и тишина дорог.
Златятся за рекой в забытой церкви тени,
И колокол ночной зовет туда, где Бог.

В покинутый свой край я не вернусь,
                                    как прежде,
Душою полюбив заоблачную даль.
Заплачу о своей несбывшейся надежде
И не увижу тех, кого мне было жаль.

Но затоскую вновь, забыв о скудном плене
Житейской суеты, о бренности тревог.
Холодные дожди, поникшие сирени,
И горечь о тебе, и тишина дорог.

* * *

Последние искры багряной листвы,
Как тени от летних зарниц.
Лик белой луны над дорогой застыл
И с грустью немой канул ниц.

Застыла холодной реки бирюза,
Пустынны ее берега.
И катится с глаз золотая слеза:
Родная, прощай навсегда.

Я знаю — она никогда не придет.
Я больше не встречу ее.
И скоро в ночи первый снег упадет
И желтое скроет жнивье.

А молодость, солнцем желая гореть,
Церковной свечой догорит.
И осень рассыплет прощальную медь
На мой потерявшийся скит.

И только однажды, как память о ней,
Сверкнет в темном небе звезда,
Тревожным галопом усталых коней
Вдали простучат поезда.

* * *

В горнице осени — ветер и солнце,
Синий рассвет сентября,
Чьи-то слова и резное оконце,
В утренней роще заря.

В горнице осени — ветер и солнце,
Травы и свет летних снов,
Смех за рекой, тишина за оконцем,
Грусть золотых вечеров.

* * *

Как стрелы промелькнут стрижи
В кровавой плазме.
И загорятся мятежи,
И будут казни.

И вспыхнет на заре костер
В холодных селах.
И палача лихой топор
Сверкнет веселый.

Уста прощальные слова
Шепнут в истоме,
Что смертным не познать дела,
Пути Господни.

Ночь мертвая среди межи
Уронит длани.
И снова вспыхнут мятежи,
И будут казни.

* * *

Вспомнил я, очутившись на самом краю,
Про погибшую юность твою,

Что растоптана в грязи, в измене, во лжи
Белой птицей средь черной межи.

Ты — надежда моя, боль неясной вины,
Ты — печаль моей нищей страны.

Все проходит, всему уготован свой срок,
Лишь твой образ я в сердце сберег.

Он зовет, словно день на весеннем лугу,
Словно церковь на том берегу.

Оттого и люблю, стоя здесь, на краю,
Песню светлую — юность твою.

* * *

Ты, как пламя костра за рекой,
В моей памяти.
И серебряной ивы покой
В лунной заводи.

Сны и осень сквозят тишиной,
Увяданием.
Оживает в душе образ твой
Обещанием.

Подари мне печаль своих дней,
Радость вешнюю.
Как услышать средь скудных полей
Песнь нездешнюю?

Как постичь безмятежный покой
В утро раннее?
Ждать тебя за вечерней рекой
В ярком зареве.

* * *

Молчат забытые усадьбы,
Словно сошедшие с гравюр:
Где смех звучал, где были свадьбы,
Нарядных выездов аллюр.

Не ты ль под звуки клавесина
Входила утром в темный зал?
Была загадочно красива,
В иных годах тебя я знал.

И нам казалось — счастье будет,
Оно взойдет ночной звездой,
Ненастье солнце не остудит.
Где ты? Печален дом пустой.

В безмолвь осенних листопадов
Люблю под вечер уходить
И тайны снов, прощальных взглядов
В неясном сумраке ловить.

Нет, не шумят, как прежде, свадьбы,
Забыт из мрамора Амур...
Молчат старинные усадьбы,
Словно сошедшие с гравюр.

* * *

Деревья обнимают тишину,
Как муж во сне ушедшую жену.

И видится в тумане за рекой
Забытый дом, где счастье и покой.

Трава лугов таинственней озер.
Из прошлых дней привет — ночной
                                костер.

Протяжно ночь окликнут петухи,
И кротким будет вздох больной ольхи.

Все те же мы — по-прежнему легки,
Но только... почему-то старики.

И жизнь зовем — недолгую, одну.
Как муж во сне ушедшую жену.

* * *

Я люблю леса золотые
И сиреневый холод в полях.
Небеса, до боли родные,
Словно в детских безоблачных снах.

Я люблю в опустевшей деревне
Среди лип видеть старенький дом,
Ставень скрип, и печальный, и древний,
Услыхать в тишине о былом.

Я люблю из серебряной кружки
С тонким льдом выпить чистой воды,
И костер у далекой опушки,
И под вечер пустые сады.

Русской осени дали простые
С синей грустью в туманных кустах.
Я люблю леса золотые
И сиреневый холод в полях.

* * *

Ночь наденет свой черный платок
И незваною гостьей придет.
Бледным заревом вспыхнет восток,
Засинеет туман вдоль болот.

Станет утренней радости жаль —
Ведь не так было все на заре,
Когда спит безмятежная даль,
Когда травы лежат в серебре.

И судьбы уготованный срок
Обещает привычный исход...
Ночь наденет свой черный платок,
Будет долго стоять у ворот.

* * *

Веет холод черемухой тонкой,
И дорога грустит о тебе.
Осенюсь золотою иконкой,
О твоей помолюсь я судьбе.

Вновь зовет неземной тишиною
В даль иную твой ласковый взгляд.
Мы увидимся скоро с тобою
В той весне, где не знают утрат,

Где сады утром белой поземкой
Льются в небо к рассветной звезде...
Веет холод черемухой тонкой,
И дорога грустит о тебе.

* * *

Туман весны прозрачней вербы юной,
И верится, что счастье где-то рядом.
Пусть светом загорится изумрудным
Далекая звезда над спящим садом.

Безмолвны послезимние тропинки —
В каких краях я вновь тебя узнаю?
Твой тихий образ в легковейной дымке
Светлей несбывшихся надежд и мая.

Тебя одну в мелькнувшей жизни буду
С надеждой ждать. И в этом лишь отрада.
Пусть светом загорится изумрудным
Вечерняя звезда над нашим садом.

* * *

Есть отзвук верности старинной
В словах любви.
Листвою льются тополиной
Мечты твои.

Пусть тихим будет летний вечер,
Свет за рекой,
И робкие, как звезды, речи,
И твой покой.

И это первое свиданье,
И нежный взгляд,
И лилий белое мерцанье,
И твой наряд.

Сиянье ночи тополиной
В счастливых снах...
И память верности старинной
В минувших днях.

* * *

Тихие березы перламутром
В утреннем зажгутся серебре.
И опять привидится — как будто
Летним светом веет в сентябре.

Отшумит прощальною листвою
Дней твоих волшебная краса.
Позовут холодной бирюзою
В неземные дали небеса.

Эта жизнь под вечер или утром
Отзвучит, как роща в сентябре.
Но пока... березы перламутром
Тихо загорелись на заре.

Поздняя элегия

В твоих словах, тревожно-неразгаданных,
Свет утренних надежд и дым садов,
Но рощи за рекою в белых саванах
Не слышат песнь забытых берегов.
Твои слова тревожны, не разгаданы.

В твоих мечтах о счастье и о верности
Предначертанье и моих дорог.
Пройдем чрез время скудости и бедности,
Разлук вечерних и ночных тревог.
Твои мечты о счастье и о верности.

В твоих глазах — сиянье слов несказанных,
Беспечность дней, весна и радость встреч.
Покинутые рощи в белых саванах
Нам не затеплят свет прощальных свеч.
В твоих глазах — сиянье слов несказанных.

Вечернее

Расцвечены осенней позолотой
Мои мечты, твои воспоминанья.
И, отягченные иной заботой —
Житейской стынью, скудною работой, —
Мы все ж друг другу говорим признанья

О том, что время сильно изменилось,
Что мы с годами стали не такие
И по-иному жизнь совсем сложилась.
Но память вновь нездешним озарилась —
Гляжу в глаза зелено-голубые.

Смирись, мой друг! Развенчаны
                                  надежды —
В окно стучится старость, как зима.
Все это было раньше, было прежде:
Уж скоро золотых берез одежды
В ночную синь осыпят холода.
Но и в безмолвь ночного листопада

Тебе мне все же хочется сказать,
Что ты одна души моей отрада,

Что главное — в унынье не впадать.
Горит, горит звезда над спящим садом,
И в сердце есть чуть горькая услада —
Мелькнувшее однажды счастье ждать.

* * *

Теплым дождем омыта
Дорога в вечер.
У белой церкви, Рита,
Тебя вновь встречу.

Воскреснет то, что было
И что забыто.
Меня ты не забыла,
Быть может, Рита?

Жизнь — в зареве осина,
Ветрам открыта.
Но ты всегда красива,
Как утро, Рита.

Но ты нежна и строга —
Не знай утраты.
К твоей судьбе дорогу
Найду когда-то.

Прошу тебя несмело
С мольбой забытой:

Поправь платок свой белый
С улыбкой, Рита.

И вновь луной залиты
Поля пустые.
В глазах тревожных Риты
Бежит Россия.

* * *

Сестра, вновь в цветах луговины.
Цветы — это к прошлому нить.
Как в детстве, тебя — уже с сыном —
Я вновь продолжаю любить.

И в праздники, в чьи-то крестины
С тобою мы вместе опять.
Вновь детства мелькают картины,
И годы уносятся вспять.

Все живы. Мы все молодые.
И дом наш стоит у реки.
И только не в синь — голубые
Глаза, поседели виски.

И скошены милые нивы.
И надо по-новому жить...
Сестра, вновь в цветах луговины —
Весны той жемчужная нить.

* * *

Для другого сережки надень,
Затумань глаз задумчивых просинь.
Загорается серенький день,
Вновь приходит холодная осень.

Отдохни от разлук и от встреч.
От надменных улыбок и взглядов.
Знай, тепло твоих худеньких плеч
Для меня лучше всякой награды.

И когда я иду наугад
В день, который ненастьем разбужен,
Вспоминаю печальный твой взгляд,
И мне кажется, я тебе нужен.

Для другого сережки надень
И грусти о прошедшем не очень.
Загорается серенький день,
Вновь приходит холодная осень.

* * *

Там в синей реке золотистые ивы
Мерцают листвой поутру.
И кажется мне, все ушедшие — живы
И я никогда не умру.

О светлая даль уходящего лета,
Беспечная жизни краса.
Не сказано что-то, о чем-то не спето,
И тайну хранят небеса.

Лишь горечь разлуки привычно и просто
Желтеет прибрежным песком.
А родина спит средь забытых погостов,
Не помня давно ни о ком,

Не зная, что скоро прощально-красиво
Закружит листва на ветру
В тех нежных краях, где веселые ивы
Мерцают в реке поутру.

* * *

Плачет холодный осенний ветер.
В мокрых березах забыт косогор.
Стынет тропа, забывая о лете.
Гаснет в реке твой загадочный взор.

Каждую ночь все тревожней и пристальней
Жду я тебя, словно вечер звезду.
Но встречу рассвет и, как лодка от пристани,
Сам навсегда в день ненастный уйду.

Вот почему, когда плачет так ветер
И замирает в ночи косогор,
Вижу тебя в приснопамятном лете
И вспоминаю твой ласковый взор.

* * *

Любили в детстве мы шумящий дождь
И тучи серые над нашею деревней,
Когда по крышам пробегала дрожь
И гром далекий был как голос древний.

И чудилось, я помню, нам тогда:
Стоит, вечерней нежностью объята,
Часовня на пригорке, у пруда,
И, кажется, зовет уйти куда-то.

И не была страшна тогда гроза,
Нездешних молний отблески в оконце:
Спокойны Богородицы глаза,
Тих взгляд у Николая Чудотворца.

Я вырос сильным и назло судьбе
По жизни шел порой, как тропкой узкой.
Я буду помнить шум дождя в избе
И не забуду нашей грусти русской.

Но перезвоном утренним года
Растаяли сквозь радость и утраты.
Лишь старая часовня у пруда
Еще стоит... И все зовет куда-то.

Последняя ночь

Ночь властная, словно царевна Софья.
В молчании зимы — монастыри.
Лес неживой. И только снега хлопья
Сгорают на костре ночной зари.
И губы — ледяные снегири
Зовут: «В снегах надежду подари...»

Как беспросветна на Руси зима,
Не видно ни конца ей и ни края!
Лишь тишина ночная, заревая
Окутывает в сумерки дома.
И нет утех для сердца и ума —
Короткий день, мороз иль вьюга злая.

Убог мой край, здесь ложь да спесь холопья.
И как эту судьбу преодолеть?
Ночь у окна, словно царевна Софья.
Мерещатся костры ей, казни, копья
И улица, где в белом ходит Смерть —
Моей страны истоптанная цветь.

* * *

Грусть моя отболит,
Как зима во апрель.
Во дворе зазвучит
Ясным зовом свирель.

И приснится мне мать
За далеким холмом.
И кого-то я ждать
Стану вновь день за днем.

Ветер весть принесет,
Я не знаю о ком.
И запахнет, как мед,
Под окном чернозем.

Дали снова светлы,
Дни, как детство, легки.
Тоньше дыма стволы
Зашумевшей ольхи.

Высыхает откос.
Сходит снег вдоль болот.
Среди белых берез
Скоро месяц взойдет.

Зимний сон

Пусть хоть на миг мне станет радостно
И жизнь не будет столь пуста —
Придет зима из сказки Андерсена,
Мечтою детскою чиста.

Волшебный свет — в нем все воздушнее,
Все оживает, как вчера:
Свиданья, смех, давно минувшее,
Снов золотая мишура,

И с горок звонкое катание,
И предвечерние огни,
И Герды нежное признание
О вечном счастье и любви.

Вновь слышу крики разрезвившихся
Детей, их смех и торжество.
Я вспоминаю о несбывшемся,
О том, что было и прошло.

И пусть другим сегодня радостно,
Но вдруг напомнила зима:
И тихий снег из сказки Андерсена,
И позабытые слова.

* * *

Зимний день незаметно сгорает
В полутемной квартире моей.
На замерзшем окне оживают
Очертанья волшебных теней.

Тишиною вечерней я болен,
Но и жив лишь одной тишиной.
Вновь мечта, словно песня о воле,
О судьбе незнакомой, иной,

О весне, столь беспечно далекой
В светлых листьях венчальной ольхи,
Чьей любовью напевно-высокой
Окрыленные дали легки.

Лишь бы лик твой нездешний, прекрасный
Был в мечте подвенечно-высок.
Но один я... Вновь вечер напрасный,
Зимний сон, как сугробы, глубок.

И в ночной тишине увядают
Очертанья волшебных теней.
Зимний день незаметно сгорает
В полутемной квартире моей.

Снова сумерки, сумерки красные,
Ожиданье, вечерние комнаты.
И снега, словно ткани атласные,
Загораются жемчугом, золотом.

День недолгий, надежды напрасные
О тебе, о весне в белой заводи.
Позови в дали светлые, ясные
К неземной, неизведанной радости.

Льются в сердце цветами далекими
Сны, холодной зиме неподвластные.
И цветут под снегами глубокими
В дни недолгие, в сумерки красные.

Александру Блоку

Любви нездешней, светлых дней певец!
Ты жизнь молитвой освятил прекрасной,
И над тобою золотой венец
Зажгли снега и выси в вечер красный.
Певец любви, иной страны пришлец.

Навстречу белым дням восходит крест —
Ты предсказал судьбу в старинной драме.
Нет соловьиных рощ, счастливых мест.
О, как же верность сохранить
                              Прекрасной Даме?
Нет соловьиных рощ среди печальных мест.

Ты был как рыцарь — горд и одинок
В иных краях и снах, в нездешних долах.
И был твой путь предутренний далек,
И так прекрасен в далях невеселых.
Был путь Судьбы предутренний далек.

Так бывает порой иногда —
Неживые приходят года,

Словно в доме погасли огни —
Всюду ночь, всюду мертвые дни.

Смолкли вешних надежд бубенцы —
За окном фонари-мертвецы,

Окруженные белой зимой,
В сердце льют одинокий покой.

Будто так это было всегда —
Позабыты иные года.

Позабыты... И все-таки есть
Где-то радости светлая весть.

Не смирюсь с болью близких потерь.
Как мне жить? Что мне делать теперь?

Ведь над всеми над нами вина
В том, что гибнет безмолвно страна.

Здесь друг друга живем не любя,
Здесь забыли мы сами себя.

Кружит птицей ночная беда,
И идут неживые года.

* * *

Холодный сад на утренней заре —
Деревья в белоснежном серебре.

Ни ветер и ни колокольный звон
Не потревожат его белый сон.

О, если бы и мне мечтой суметь —
Уснуть... и никогда не умереть.

И сквозь снега, сквозь ледяные сны
Дождаться светлой вести от весны.

Увидеть облаков жемчужных нить —
И только небо вечное любить.

И вспомнить, но в иной уже поре,
Холодный сад на утренней заре...

* * *

Не о том я жалею, что юность прошла,
А о том, что тебя не хватает сильней.
Замирает под вечер тревожно душа,
Стали ночи осенние вдруг холодней.

Не о том я жалею, что слишком легко
Тратил годы свои, забывая о всём.
Ничего не вернуть — это так далеко,
Словно смотрит звезда в голубой водоем.

Не о том я жалею, что так хороша
И красива была ты в надежде своей.
Просто всё не сбылось, просто юность
                                                    прошла,
И осенние ночи теперь холодней.

Огонек надежды

Тихо теплится зимний денек,
Как надежды моей огонек.

Одиночеством льются снега,
И не помнят о лете луга.

Я не буду о прошлом жалеть,
О несбывшемся плакать и петь.

Что бы ни было в этой судьбе —
Я за все благодарен тебе.

Ты всегда, ты одна дорога,
Как недавней любви берега.

Вновь ольха зашумит у излук
В эту зимнюю горечь разлук.

И заслышатся в сердце слова,
Ты весны ожиданьем жива.

Пусть осветится радостью новь,
И с тобой будем вместе мы вновь...

Загорается будний денек,
Гаснет зимней мечты огонек.

Руси

Я люблю тебя, светлая Русь,
Твой жемчужно-лазоревый сон,
И ресниц золотых твоих грусть,
И серебряный утренний звон,
И серебряный утренний звон.

Бирюзою зажгутся снега,
И сиренью затеплится тишь,
И весной озарятся луга...
О, скажи мне, о чем ты грустишь?
О, скажи мне, о ком ты грустишь?

Словно кроткой невесты глаза
У тебя. Ты сама, как весна,
Ярче, чем под огнем бирюза,
Расцветает твоя купина,
Расцветает в ночах купина...

* * *

Моя молодость грустно прошла,
Но была бесконечна легка:
Проплывали, как сон, облака
И дымилась под утро река.
Моя молодость грустно прошла.

Моя молодость быстро прошла.
В холода расцветала сирень,
Наполнялась надеждой душа,
И бескрайним июльский был день.
И таким неоглядным был день.

Жизнь недолгая, сон мне навей
О ее золотистых глазах,
О заветных, любимых чертах,
Ее чистых и светлых слезах,
О мечте быть всегда только с ней.
Сон о жизни бессмертной навей.

* * *

Вино разлуки пью в березах и закатах,
И дни мои тихи, как листопад в окне.
Оставлю отчий дом, уйду, мечтой объятый,
В иную даль, и ты не вспомнишь обо мне.

Увижу ль снова тех, кто был душою нежен
И в звездных снах зимы с надеждой ждал меня?
Нет, не вернусь туда (бег времени безбрежен),
Где отцвела в ночи сирень и жизнь моя.

И лишь твои глаза — как на рассвете море,
В них отразилась вновь приснившаяся даль.
Другим огнем горит серебряное взгорье,
По-новому звучит и радость, и печаль.

* * *

День догорит церковною свечой,
Уйдут в туманы рощи золотые.
Зима неслышно белою парчой
Оденет ночью улицы пустые.
День догорит церковною свечой.

Поникнет осени прощальный стяг,
И я забуду прежние обиды,
Когда услышу плач ветров-бродяг
И звон ночной далекой панихиды.
Поникнет осени прощальный стяг.

Прощай же, утро в рощах золотых,
Где тихою листвой года кружатся.
Во временах уже совсем иных
Дай нам, Господь, с тобой не разлучаться!
Прощай же, утро в рощах золотых.

Рождественская история

Она пришла с зарею. Он целовал ей руки.
В ее глазах тревожных цвела весны сирень.
Но вот они расстались, и слов чудесных звуки
Растаяли в ненастье житейских хмурых дней.

Бежали быстро годы. О где ты, счастье, где же
И тот далекий образ — весны беспечной миг?
Ей снился его голос в ночах пустых, безбрежных,
А он хранил лишь в сердце запечатленный лик.

В какой-то год безвестный, над суетой вокзала
Морозно плыли звезды, как в церкви образа.
Среди толпы прохожих она его узнала,
Окликнула так робко... Их встретились глаза.

* * *

Ранний сумрак зимы серебристой
И лесов кружевная печаль.
О тебе, лучезарной и чистой,
Вспоминать в этот вечер не жаль.

Слишком многое в жизни не сбылось,
Лишь мечта в сердце светит сильней.
Белой птицей зима опустилась
На костры угасающих дней.

Не вернуть их, во мгле отшумевших,
Они скрылись, как дым, за холмы.
Но нежнее всё лики ушедших
Мне в серебряный вечер зимы.

* * *

Безмолвное царствие лунного сада —
Какая надежда, какая отрада.

Я вновь успокоен, утешен судьбою —
Мы встретились ныне. Я снова с тобою.

И веет о прошлом ночная прохлада,
Безмолвное счастие лунного сада.

Как трепетно-нежно под ласковым взглядом
Сродниться с мечтою, быть вместе, быть рядом.

Навеки с тобою. Лишь в этом отрада,
В любви и сиянии лунного сада.

* * *

Придет зима монахинею белой
И зазвонит в свои колокола.
И я услышу в роще опустелой
Твои почти забытые слова.

В иных годах, во мгле заледенелой
Пусть сохранится о тебе молва.
В моей душе, как утро в роще белой,
Светлы твои забытые слова

О том, что в жизни скучно-опустелой
Душа одной надеждою жива.
Придет зима монахинею белой
И зазвонит в свои колокола.

Прощание с молодостью

Уходит молодость, как на заре весна.
Слова прощанья легче, чем туман.
И лишь хранят безмолвные леса
Сны о любви и лунный свет полян.
Уходит молодость, как на заре весна.

А если жизнь моя пройдет, как снег,
И я уйду, во многом разуверясь,
То скажут: «Он усталый человек,
Свой минул путь, на счастье не надеясь».
Проходит жизнь бесшумно, словно снег.

Ну что ж, всегда идет полночный снег,
Окутывая жизнь безмолвной тайной.
Пусть скажут: «Он был странный человек».
Но ты, ты обо мне вздохнешь печально,
Когда с небес идет полночный снег.

Светает рано. Полдень будет жарким.
Еще роса ночная за окном.
И дышит утро безмятежным сном,
Забыв о долгом дне и солнце ярком.
Лишь неба бирюза в саду пустом.

Молчат, молчат уснувшие сады,
Туманом белым стелются долины.
Еще все молоды, беспечны, живы,
И каждый верит в свет своей звезды,
И счастьем дышат летние долины.

* * *

Когда приходит ночь с глазами черной птицы,
Я забываю день и нежности слова.
До светлого утра мне в тишине не спится,
Мечтаю лишь о том, чтоб ты была жива.

Я вижу белый снег, бескрайние равнины,
От скудости полей сжимается душа.
И мертвый свет луны, и облаков седины
Мне говорят, что жизнь, как зимний сон, прошла.

Всё дальше, всё родней исчезнувшие лица
И те, о ком давно растаяла молва.
Когда приходит ночь с глазами черной птицы —
Нежней звучат почти забытые слова.

* * *

Убрали елку, снята мишура,
Разложены по ящикам игрушки.
Да, сказка кончилась еще вчера...
И долгих будней скучная пора
Легла лыжней забытой вдоль опушки.

Та сказка кончилась. И нужно вновь
Впрягаться в повседневные заботы,
Идти туда, где молодость, любовь
Проходят. Что ж, судьбе не прекословь
За скудный хлеб, муть черновой работы,

За быстро отшумевшую мечту,
Которая неслась рекой сквозь льдины,
За светлый день и ночи темноту,
Потерянной надежды высоту.
Теперь печаль и радость — всё едино.

Едино всё. Вот снята мишура,
Надежно упакованы игрушки.
Жизнь, словно сказка, минула вчера,
Лишь елка сиротливо средь двора
Стоит в снегу со сломанной верхушкой.

* * *

Когда погибнет моя родина,
Я вспомню твой прощальный взор
И те пути, что были пройдены,
Поля, осенний косогор,

Среди равнин крестов распятия,
Немую скорбь страны родной
И то незримое проклятие,
Что уж веками над страной.

Палимы зноем, днями вешними
Идем куда-то сквозь года.
Куда? Не знают и умершие
И не узнают никогда.

Но много будет еще пройдено
Дорог, где смута, смерть, позор.
Когда погибнет моя родина —
Я вспомню твой прощальный взор.

* * *

Страшусь в ночи и старости, и смерти.
Душа светлеет только на заре,
Когда не кружат, словно в сентябре,
Листвою мысли в быстрой круговерти.

Как тихо... Над равниной облака
Плывут, зовут в иные дни и веси.
Что станется со мною нынче, если
Дрожит твоя прощальная рука?

Пусть не забудется во мгле печальной
Среди берез мерцающий рассвет,
Приснившийся когда-то берег дальний,
Мечта, которой в этой жизни нет,
И чей-то взгляд задумчиво-прощальный.

* * *

Не страшно жизнь забыть на утренней заре,
Когда ночной росой сияют травы
И в тишине июльские купавы,
И летние березы в серебре.

Забыть про все, как после шумной свадьбы,
Уйти в луга иною стороной.
Увидеть вновь забытую усадьбу
И ту, которую считал женой,

Своей женой
Далекою весной,

Когда был молод, но совсем в другой поре,
Когда казалась жизнь совсем простой,
Безоблачной — на утренней заре.

* * *

Не я срывал цветы твоей невинности
Весною на лугу.
Я думал об иной любви и близости
На дальнем берегу.

Я думал о холодном нашем севере,
О горечи разлук,
О том, что мы с тобой в багряном клевере
Увидим вдруг

Свет утренней звезды, любви невстреченной,
О чем молчат уста.
Ты станешь мне невестою нареченной,
Как снег чиста.

И будет вечер, тайна нашей близости,
И яблони в снегу...
Осыпались цветы твоей невинности
Весною на лугу.

Послезимняя музыка

Элегий вольных песнь лелею
Я в легком лепете аллей.
И льются листья, золотея,
О лунных снах любви моей.

Плененность не печалью веет,
Сень ленных лет — льняной залив.
Тень летних дней, как эль, лелеет
Лазурный дым плакучих ив.

В полях, хмелея, не жалею
О ликах светлых юных лет.
И, словно лилии, белеет
Нетленных слов далекий свет.

В безмолвных далях дни проснутся.
Свирель, ликуя, звень пролей!
Ольхой серебряной займутся
Излуки лунные аллей.

* * *

Показалось, что снова вернулась
Молодая, как песня, пора.
И светло мне под вечер взгрустнулось,
И я вспомнил, что было вчера.

        Вчера...

Золотые шары распустились,
Солнцем августа льется теплынь.
Оказалось — все это приснилось,
И ночной ветер шепчет: «Аминь».

        Аминь.

Годы гаснут в незримой надежде,
Бьют часы, никого не щадя.
Никому не скажу я, как прежде,
Те слова, что хранил для тебя.

        Для тебя...

И спина, как под ветром согнулась,—
Старость тихо бредет вдоль двора.
Оказалось, что это вернулась
Дней совсем уж иная пора.

        Пора...

* * *

Свет разлуки ночной у березовой чащи.
Ниже тень от небесных шатров...
Вот еще один день миновал уходящий,
И нежней стал родительский кров,
Своей тихой любовью манящий
В даль лугов, в край несбывшихся снов.

Снова сумерки, сумерки в спящем саду.
Я нездешнюю тайну узнаю.
Но не вспомню, в каком это было году.
Ветер снова колышет на ветке звезду,
Всех ушедших люблю и прощаю.
И не вспомню, в каком это было году.

* * *

Все проходит — от старости падают даже деревья.
Все стареет — одежда и мысли, и даже душа.
Время, словно водой, размывает дома, города
                                        и деревни.
И они исчезают, и волны ночные над ними шумят.

Забывается все в этом времени мутном,
                              жестоком и мглистом.
Лишь правители так же нам лгут да лелеют
                              любимый «Газпром».
А еще постаревшие, милые с детства для сердца
                                        артисты
На экранах играют бандитов, «в законе» воров
                              и отважных ментов.

* * *

В метелях — Святки,
То свет, то тень.
Зима играет с весною в прятки,
Но дольше день.

Случайность встреч и судьбы загадки
Стремлюсь понять.
И тайну жизни зимою в Святки
Вновь прочитать:

«Сны счастья кратки
В доме пустом».
Придите, Святки,
В ночь волшебством,

Зажгитесь светом
Звезды моей
О всем неспетом,
О ней, о ней,

Чтоб закружило
Мечты вино —
О том, что было
И что прошло.

Явитесь с вестью
В мой снежный край,
С метельной песней
Про светлый май.

* * *

Льется снег на судьбу, легче листьев зима.
С колокольни далекой к обедне зовут.
Под прозрачной фатою — Москвы терема.
Снится мне, что боярышни в церковь идут.

Ангел мой предзакатного светлого дня,
Милый смех. Легкий снег опушил бархат шуб.
Ангелина, любовь, Ангелина моя!
Улыбнись, улыбнись мне хоть краешком губ.

Тихих зимних небес золотятся края.
С колокольни далекой к вечерне зовут.
Может, сбудется тайна, надежда моя...
Словно звездочки, девушки свечки зажгут.

* * *

В белых тенях зимы
Много мглы.

В белых тенях зимы
Близость тьмы.

В белых тенях зимы
Тонем мы.

В белых тенях зимы
Сон весны.

В белых тенях зимы
Спят холмы.

Отчужденностью дней
Наши души полны

В белых снах,
В белых тенях зимы.

И поют нам ветра
Ледяные псалмы —

В белом царстве судьбы,
В белых тенях зимы.

В. Высоцкому

Ты — словно шум исчезнувшей Москвы,
Ее дворов, гитар и голубятен.
Был голос твой так близок и понятен
В печали тополей и в шелесте листвы.
Ты — словно свет исчезнувшей Москвы.

Я знаю точно: ты б другим не стал
В сегодняшней продажно-наглой жизни,
Где нет ни совести и ни любви к Отчизне.
Не потому ль так рано ты устал,
Что это все предчувствовал и знал,
И видел на своей прощальной тризне?

* * *

Бездомным странником глядит в окно
                                        февраль.
Еще весны не слышится дыханье.
Но каждый год все то же ожиданье:
А вдруг иная жизнь, иная даль...
Сквозь сон зимы глядит в окно февраль.

А вдруг совсем иначе, чем вчера,
Озолотится новь нездешним светом.
И станет хорошо, как в детстве летом,
Когда бескрайни в поле вечера.
Все сложится иначе, чем вчера.

И вновь нежна роса, светла печаль,
Над речкою склонились тихо ивы.
Опять все молоды, беспечны, живы.
И не глядит в окно ночной февраль,
Когда молчат заснеженные нивы.

* * *

Снег сходит. Весной и разлукой
Туманится роща вдали.
И нежную весть журавли
Мне вновь принесли из далекой земли,
Не скованной зимнею скукой.
Мне весть принесли журавли.

Ты рядом со мною — всегда,
И даже в разлуке мы рядом.
Пусть над вечереющим садом
Горит золотая звезда,
Твоим озаренная взглядом.
Ты рядом со мною — всегда.

И трогает сердце до слез,
Всегда ожиданием ново,
Сияние чистого слова,
Молчанье вечерних берез
И память забытого крова.
Нет чище, светлее тех слез.

* * *

Потемнели вдоль редких тропинок снега.
Сколько дней беспросветных минуло — не счесть.
Оживают под вечер немые луга,
Словно помнят весны затаенную весть.

Месяц — тонкое пламя березы-свечи.
Легкий шелест ветвей — вновь светлеет душа.
Забывается горечь недавних кручин.
Жизнь опять новым смыслом своим хороша.

Забредешь ли под вечер в чернеющий лес
Или в полночь услышишь таинственный зов —
Понимаешь, что мир в ожидании весь
Непредвиденных встреч и несбыточных снов.

Оттого моя боль — свет костра за рекой.
Моя тихая радость — как в августе свет.
Кто-то утром окликнет, поманит рукой,
Подойдешь — никого... Никого уже нет.

* * *

В эту тихую ночь надо думать о светлом —
Не о том, что не сбылось и прошло навсегда,
А о чем-то хорошем, дорогом и заветном,
Что, быть может, еще не встречал никогда.

В эту ясную ночь надо думать о счастье,
Что мелькнуло осенней звездой на краю,
И забыть о скитаньях, о близком ненастье —
Помнить только глаза и улыбку твою.

В эту чистую ночь надо думать без грусти
О прошедших годах, о печальной любви,
Что осталась навек в сердце, в памяти русской,
Словно утренний снег на просторах земли.

И достойно пройти, даже пусть неприметной,
Незаметной тропой, что ведет в никуда.
В эту тихую ночь надо думать о светлом —
Не о том, что не сбылось и прошло навсегда.

Иные времена

***

Растает молодость в ночных пролесках,
Осыплется средь придорожных трав.
Страна, страна, ты — вся в фальшивом блеске —
Живешь, обманом память запятнав.

Как декорации, повсюду храмы,
Целует лихоимцев патриарх.
Сгорают годы в отблеске рекламы
Быстрей, чем листья на ночных кострах.

Не наважденье ль? Сытый да богатый,
Присвоив все, вещает о правах.
Стоит вчерашний атеист завзятый,
Задумавшись, со свечечкой в руках.

Ну а народ? За боль своих страданий,
За то, что жить уж не хватает сил,

Имеет новый ворох обещаний,
Вновь от властей в награду получил

Объедки от бюджета, льгот обрезки
И сериалы (чтобы не скучал).
Страна, страна, ты — вся в фальшивом блеске —
Корабль без днища среди волн и скал.

* * *

В былые не вернуться времена,
В места родные незачем стремиться,
Но продолжают ласково светиться
Забытые почти что имена.

Глубоких ям стираются края,
А то, что было, не сольется с новью.
Лишь тонкий свет пробьется к изголовью:
«Судьба других счастливей, чем моя».

Я жил, как все, но все ж счастливым рос.
И мне, как многим, суждено запомнить
Прощальные огни вечерних комнат
И тени грустных, трепетных берез.

Все кажется: родные берега
Еще видны. Надежда затеплится.
Но только незачем уже стремиться
Туда, где ты лишь сердцем навсегда.

* * *

Ты, бабушка, рядом со мною.
Живу, взгляд твой в сердце храня.
Как будто осенней порою,
Под поздней ненастной луною,
Я снова вдруг вижу тебя.

Ты плачешь. О чем же ты плачешь?
Ведь нашу судьбу не сменять
На чью-то чужую удачу —
Чтоб вместе все были опять.

И чтобы с машиной попутной
Однажды веселой порой
В какое-то, может быть, утро
Я снова вернулся домой.

И всхлипнешь ты, словно ребенок,
Накинув свой старенький плащ.
Твой голос так нежен и тонок...
Не плачь, дорогая, не плачь.

Русской деревне

О свет деревни,
Как солнце, древний,

Росой омытый,
Давно забытый...

Здесь раньше, помню, слова звучали
Моей надежды, моей печали.

Здесь раньше, помню, свой край любили
И люди в церковь с утра ходили.

Все изменилось. Пришли иные
Из сказок демоны — забытые.

Забрали земли, и нет надежды.
И, как надгробья, стоят коттеджи.

Вершит здесь судьбы не Пантократор,
А кем-то избранный губернатор.

Как правды мало! Как власти много!
И смотрят избы во тьму убого.

* * *

Уходит день
В луга с купавами.
Ночная тень
Упала травами.

Спят облака,
Река глубокая.
Ты мне — близка,
Ты мне — далекая.

В бесцельной гордости,
Ольхою мелкою,
Поникнет молодость
За белой церковью.

Пусть вспоминается
Одно хорошее,
Когда смеркается
В лугах некошеных.

Про новый день,
Свет над полянами.
Где ночи тень
Мерцала травами.

Ретро-оптимистическая трагедия
(конца 90-х)

Слушайте песни новых пиитов,
Подобные древним преданьям и сагам!
Пусть осени листья, как перстни убитых
                                    бандитов,
Лежат по оврагам!

Россия! Ты ныне — старая лицемерная блудница,
Ручная у прохвостов в клетке поющая птичка.
Ограблен народ, что за крохи жалкие трудится,
Загибается тупо страна, как в подъезде зимою,
                                    алкоголичка.

Но народец все ждет от властей долгожданный
                                    презент,
Как столетний глухой ветеран — от профкома
                                    путевку на море.
И целуется нежно со Шрёдером наш каратист-
                                    президент,
И тоскует ночами в Кремле о своем лабрадоре.

Подождите! Еще будет немало восторженных
                                    всхлипов,
Громких клятв с придыханьем, салютов, парадов
                                    и флагов.
Еще все расцветет там, где листья, как перстни
                            убитых бандитов,
Лежат средь оврагов.

* * *

Дорога ты мне, Русь московская —
Позабытая, допетровская.

В жаркий полдень — сон,
Колокольный звон.
Тихий свет икон
И земной поклон.

Дорога ты мне, Русь московская —
Вся твоя красота неброская.

Люди счастья ждут,
Тополя цветут.
Гусляры поют —
Славят Божий суд.

Дорога ты мне, Русь московская —
Новгородский гул, удаль псковская.

Что случилось вдруг?
Отчего испуг?
Увядает луг,
Меркнет солнца круг.

Где ты, Русь моя, Русь московская —
Даль Никитская, ширь Покровская?

Небоскребов строй —
Меркнет летний зной.
Смрад и дым густой —
Все прибрал «Мосстрой».

Все распродано, все расхристано —
Нынче власти страшнее Антихриста.

Где ты, Русь моя, Русь московская?
Да не нынешняя, не таковская.

* * *

Рубят лес. И крепок лед.
Пахнет гарью.
Поле — словно эшафот
Перед казнью.

Над развилкою дорог
Плачет птаха.
Что здесь будет? То ль острог,
То ли плаха.

Душу нежную твою
Что тревожит?
Кто-то голову свою
Завтра сложит.

Вспыхнет сталь у топора
Синевою.
Может мне споют с утра:
«Упокою...»

И запахнет звонкий лед
Кровью, гарью...
Крепок новый эшафот
Перед казнью.

Современной России

Страна охвачена войной и нищетой.
Неверье никаким не изменить указом.
И ночь везде... Но ропот уж глухой
Идет не только с синих гор Кавказа.
Страна охвачена войной и нищетой.

И в горький скорбный час земных утрат,
Когда тоска затапливает шлюзы,
Звучит над полночью глухой набат
И умолкают в старых книгах музы.
В тот горький скорбный час земных утрат.

Не возвестит звезда (о, как давно!)
О дне великом Светлого Рожденья.
И черными глазами к нам в окно
Уж смотрит Лихо, смотрит Наважденье.
Не возвестит звезда (о, как давно!).

Придет ли он, неведомый герой?
Кто станет для скорбящих всех Мессией?
Пылает в белых селах огнь ночной,
Пожар ночной пылает над Россией.
Приди, приди, неведомый герой!

Вновь диск луны над рощей золотой,
Вновь счастья ждем, как снега пред Покровом.
Страна охвачена войной и нищетой,
Но озарится сердце новым словом.
Вновь диск луны над рощей золотой.

ума

Сколько здесь радости, шума —
Здравствуй, веселая Дума.

Всё принимаешь законы —
Слава тебе да поклоны.

Я в умиленье зарделся,
Только потом огляделся.

Господи, сколько здесь сброда —
Все они слуги народа?

Словно резвятся химеры —
Нет у них совести, веры.

Как сотрясают аорты —
Вновь будут войны, дефолты.

Наш главный вождь и мессия
Знает, что хочет Россия.

Всё ему это знакомо —
Он с колокольни «Газпрома»

Лихо реформы внедряет.
Дума его одобряет,

Тихо, без лишнего шума...
Кто тебя выдумал, Дума?

* * *

Спешите скорее на выборы —
Там ваши кумиры и идолы!

Там слуги народа достойные,
Застенчиво-благопристойные!

Парламента фракции, хартии —
Там ваши любимые партии.

И там депутаты в наличии —
Все честные до неприличия.

В общенье с народом — доступные,
А в Думе родной — неподкупные.

В поступках — прозрачно-зеркальные,
Простые и принципиальные.

Пророки, мессии, ораторы —
Есть мэры и есть губернаторы.

С трибуны — до боли правдивые,
Такие все незаменимые.

Кристальные, нежные, честные,
Бюджеты познавшие местные.

Нам дарят (они ж не бездушные)
Свои поцелуи воздушные.

Бегут сквозь дожди, непогоду
Служить трудовому народу.

Скорее, скорее на выборы —
Там ждут вас кумиры и идолы!

Современная ода

Нельзя в народе чтить декоративность:
Картуз — вот символ, совесть — шаль с каймой,
Отсталость возносить как божью милость...
В России свет горит совсем иной.

Она — не балалайка, бусы, куры,
Со сцены визг бабенки налитой.
У русских Вера есть, своя культура,
И Пушкин, и Некрасов, и Толстой.

И память есть о светлых днях и мглистых,
Которая живет в людской молве,
И о пяти казненных декабристах,
И обо всех погибших на войне.

В России — ночь. Она сейчас — условность.
Но в век фальшивый сердцем не принять
Прикрытую законом бездуховность
Властителей, пришедших воровать.

Россия часто обагрялась кровью,
На ней рубцы предательства и зла.

Ее судьба неугасимой новью
В сердцах любовь и ненависть зажгла.

Удастся ль сохранить ее навеки?
Исполнить то, что раньше не успел?
И мужественно встретить горя реки,
Что льются в обездоленный удел?

* * *

Нет солнца
над Русью,—
до самой зари,
ночными вампирами,
гнусью
над нею кружат
упыри.

Покорная, чахнет под гнетом
и даже не стонет,
забытая Богом земля.
В безмолвии тонет,
уснув в нищете,
под двуглавою тенью
Кремля.

Нет правды, нет веры —
предательство, кровь, воровство.
Лишь миллиардеры —
банкиры, дельцы,
губернаторы, мэры —
справляют свое
рождество.

Свое рождество —
не Христа,
не спасенной страны.
Златого тельца
торжество
и великий
приход сатаны.

И нет больше солнца
над Русью.
До самой зари
ночными вампирами,
гнусью
кружат и кружат
упыри.

* * *

О тебе, словно яблоне белой,
Я тоскую весной.
И безмолвен мой сад опустелый
За далекой рекой.

Где-то в чаще, глубокой и темной,
Смерть считает года.
Без тебя я, как странник бездомный —
Одинокий всегда.

Всё проходит, жизнь кажется призрачно-зыбкой,
Не прочнее, чем нить.
Твоей тихой печали и светлой улыбки
Мне теперь не забыть.

Отвернувшись, смахну неумело
Слезы грубой рукой...
О тебе, словно яблоне белой,
Я тоскую весной.

* * *

Бывает и солнце бледнее месяца,
Когда светом ласковым дальних рощ
Родные поля лучезарно светятся
И листья похожи на звездный дождь.

Какие минуты печальной сладости!
И кажется, будто иного нет.
Но это последняя вспышка радости
Земли, уходящей в сырой рассвет.

В ветрах — прощальной листвы овации,
И в их мелькании не видны
Проселки скучные, серые станции
И наши такие же, в общем, дни.

Вам тоже грустно. Но что поделаешь?
Ведь есть и счастье — всегда любить.
И в это только одно и веруешь,
А значит, все-таки надо жить.

Зачем же солнце бледнее месяца
В сиянии ласковом теплых рощ?
Кому поля лучезарно светятся
И льются листья, как лунный дождь?

Ночь на даче Цезаря

Как призрачный ковчег, она в ночи маячит,
Деревья — как кресты заброшенных могил.
Таинственный приют, покинутая дача,
Где Цезарь умирал и где он раньше жил.

Сокрылася душа его в затихших елях,
Но птицей Гамаюн зовет сквозь сон к себе
В иные дни, года, в минувшие недели,
Где он один царил и в жизни, и в судьбе.

Где только им одним грядущее решалось
Золотоглавых Праг и ветреных Варшав.
И поступью стальной как эхо отдавалось
На древних площадях, в тоске склоненных глав.

С надеждой шли за ним, от нищеты благие,
Чтоб новый мир возвесть на долгие века...
Как быстро все прошло! Уж времена другие —
Распродают страну за баксы с молотка.

О Цезарь, где же ты отныне? Нет ответа.
О Цезарь, знак подай! Доволен ли страной?

Безмолвно меж холмов бежит куда-то Сетунь,
И «новых русских» визг несется над рекой.

Убогая страна, всё планы да задачи.
Влачит народец жизнь без мыслей и без сил.
Молчит ночной ковчег — покинутая дача,
Где Цезарь умирал и где он раньше жил.

* * *

Бедное и низкое,
Но такое близкое.

Чахло-неприметное,
Навсегда заветное.

Смех ли, плач с поминками
Да пруды с кувшинками.

Синь, осины-пленницы,
Избы и поленницы.

Ни о чем не ведаем,
Ноем, спим, обедаем.

Ссоримся и судимся
Да годами трудимся.

Вроде и не лишние,
А живем, как нищие.

Край мой заболоченный —
Народ замороченный.

Творчество

Не властны темных сил пророчества
Надежды заглушить мотив.
Жизнь — это вечный поиск, творчество,
Лишь этим человек и жив.

Мертвы и ложь, и мифотворчество,
Цветистой фразы пустота.
Жизнь — радость бытия и творчество,
Духовной мысли высота.

Как подло низости потворствовать,
Тиранам лить елейность од.
Жизнь — сострадание и творчество,
И боль души за свой народ.

Досадно пошлое молодчество
Средь безответных и немых.
Пусть к совести взывает творчество,
Звучит ночным набатом стих.

Не страшно даже одиночество,
Когда сквозь скудные года
Горит огонь святого творчества,
Как Вифлеемская звезда.

* * *

Пролетают сквозь сон чередою года,
А Россия идет в никуда.

На пожарищах буйно растет лебеда,
А Россия идет в никуда.

Вымирает народ, в нищете города,
А Россия идет в никуда.

Волчьим оком желтеет над полем звезда,
А Россия идет в никуда.

Миллиарды — одним, уголь, нефть и руда,
Для других — скудный хлеб и нужда.

Равнодушны к тому, что в России беда,
Мы покорно бредем в никуда.

Неужели такой нам удел и судьба,
А единственный путь — в никуда?

* * *

Вечерний благовест за рощей златокрылой
Среди ночных полей надежду подарил.
И вспомнил я тебя — забытый образ милый,
Всё то, чем я давно, не в этой жизни, жил.

Хотелось никогда в годах не расставаться.
И нежным быть душой: всех помнить и жалеть.
Но так уж суждено — всегда навек прощаться,
Лишь слышать в тишине ночных набатов медь.

Летел прощальный звон над скудною равниной.
А молодость прошла, и не хватило сил...
Забытый благовест за рощей златокрылой
Несбывшейся мечтой мне память озарил.

Серебряные луны

* * *

Ушедший день весны, ты дорог мне, как счастье,
Как светлый поцелуй несбывшейся любви.
В вечерней стороне растаяли ненастья,
И за рекой горят нездешние огни.

Все те, кого я знал, опять в лугах красивы,
Беспечен до утра ночной долины звон.
И тишина полей, и у дороги ивы
Мне обещают вновь счастливой жизни сон,

Где будут так легко, без огнекрылой страсти,
Черемухой в окне сиять иные дни.
Прошедший день весны, ты словно отзвук
                                        счастья
Иль первый поцелуй несбывшейся любви.

* * *

Может, и мне повезет:
Уйду без печали и боли.
И колокол звонко пробьет
Белой весной с колокольни.
Может, и мне повезет.

Растаю, как утро во мгле,
Уйду светом в раннее небо.
Покажется: здесь, на земле,
Не жил, не родился и не был.
Растаю, как утро во мгле.

Дороги земные легки,
Как летний туман над тропинкой.
Ты мне на прощанье махни
Светлой своею косынкой.
Дороги земные легки.

* * *

Пойдем с тобой в серебряные луны,
Которые в реке после дождя.
Мы в этот вечер счастливы и юны,
И тайной манят тихие лагуны,
И знаешь ты, как я люблю тебя.
Пойдем с тобой в серебряные луны,
Которые в реке после дождя.

Внимая убегающему грому,
Я думаю лишь только о тебе.
Но скоро ты достанешься другому,
Навек уйдешь в чужую даль из дому,
Чтоб покориться силе и судьбе.
Внимая убегающему грому,
Я думаю лишь только о тебе.

Но мы уйдем в серебряные луны —
И будем вечно счастливы и юны...

* * *

Ты как любовь, весна, Купавна,
Капели лепет про апрель.
И льется легче листьев плавно
За белою горой свирель.
И ты — любовь, весна, Купавна.

Как Лель, зову весну и славлю!
Какая младость, легкость, лень!
Тебе ль скажу о самом главном?
Поляны льются в синь и звень.
Как Лель, зову светло и славлю!

Лебяжьи сны лелеют луны,
За луговинами вдали
Капели лепет, лики юных,
В апрельских далях — журавли.
Лебяжьи сны лелеют луны.

* * *

Светла июля бирюза,
Словно твоя слеза.

Еще прохладно у реки,
И птицы высоки.

И ландышами пахнет лес,
И синева небес.

Не надо радости иной —
Лишь быть всегда с тобой.

И среди солнечных полян
Вдыхать земли туман.

И знать, что минула гроза,
Что нету в мире зла.

Твой нежный лик, твои глаза,
Как в церкви образа.

Светла июля бирюза,
Словно твоя слеза.

* * *

Ты помнишь, Рита, белую усадьбу
И летний день с жемчужною рекой:
Ты, как невеста в ожиданье свадьбы,
Красивей всех и мы одни с тобой?
Ты помнишь, Рита, белую усадьбу?

И липы, тихой цветью золотея,
Зовут нас в сумрак утренних аллей.
Я на тебя глаза поднять не смею.
Люблю тебя безмолвней и сильней.
И липы, тихой цветью золотея...

И были мы с тобой совсем иные,
В ином сиянье утренних ветвей,
И ночи, под луною зоревые,
Мои слова о юности твоей.
И были мы с тобой совсем иные...

Я видел твою радостную свадьбу,
Как гости шли веселою гурьбой.
Ты помнишь, Рита, белую усадьбу,
Когда мы были молоды с тобой?
Тот летний день и белую усадьбу...

Николин день, русальная неделя,
Вот Троица нарядная пришла...
Опять березки в рощах забелели.
И ты со мной, нежна и хороша.

Я понял, что для счастия довольно
С тобой быть вместе, знать, что рядом ты.
В полях опять так трепетно-привольно
Росою пахнут синие цветы.

В бескрайних днях луга зазеленели,
И ожила надеждою душа,
Вновь радостью наполнились недели,
И Троица нарядная пришла.

* * *

Низины, подъемы, овраги, пригорки...
И вот — ожидание старости.
Я слышал когда-то веселый и звонкий
За речкою смех, полный радости.

* * *

О, где же ты, моя печальная царевна,
Которую я ждал во сне и наяву?
Ведь вспыхнула любовь, как зарево, —
                                    мгновенно,
И я тебя с тех пор и помню, и зову.
И помню, и зову...

* * *

Как старость, ночь крадется полем,
Зарницы тень, далекий гром.
Но мы с тобою не позволим
Печали посетить наш дом.

Зажги лампаду у божницы
И на колени опустись.
Святых загадочные лица
Благословят простую жизнь,

Где нет ни горя, ни скитаний,
Ни дум тревожных до зари.
Своими легкими устами
Молитву Богу повтори.

Ведь живы мы. И летним зноем
Когда-то шли с тобой вдвоем...
Как старость, ночь крадется полем,
Минуя дом, где мы живем.

* * *

Ты — словно нежная светлая верба
В тихое утро весны.
Радостью светится вешнее небо.
Знаешь, ведь я без тебя счастлив не был.
И уплывают куда-то далеко долгие
                              зимние сны.
Ты — моя юная чистая верба
В белое утро весны.

Тихо зажгутся жемчужной каймою,
Золотом неба края.
В светлом сиянье ты, с белой фатою.
И разгорается с первой зарею
Нежная юность твоя...
Белою вербой за синей рекою
Утро встречаешь ты нового дня.

* * *

Свет забытый, в потемках несмелый,
Греет сердце надеждой простой.
Среди тонкой черемухи белой
Скоро месяц взойдет золотой.

Будут тихо вечерние тени
Серебриться сквозь листья во мгле,
Как печали ночных сновидений —
Те, кого уже нет на земле.

Может, это меня успокоит,
Примирит с тем, что было всегда:
То, что в жизни когда-то проходит,
Не вернется уже никогда,

Отозвавшись улыбкой несмелой,
Лишь зарницей мелькнув за рекой...
Среди тонкой черемухи белой
Скоро месяц взойдет золотой.

И звон за рекой. И слова без печали.
И лето — кувшинкою желтой в воде.
Вечерней прохладой наполнились дали,
И тонкою свечкой — береза к звезде.

Давай помолчим... И утешимся этим.
Простим и забудем, кто был виноват.
А тех, кого нет уже с нами на свете,
Увидим, на миг возвратившись назад.

И звон за рекой. И слова без печали.
Давай помолчим. Уже синие дали
Прохладой полны, тих туман над рекой,
И есть на земле только Бог и покой.

* * *

Пусть птицы тоскуют вечерние
О чьей-то погибшей красе.
Не страшно пройти через тернии
На казнь по жемчужной росе.

И ветра поймать дуновение
На сжатых от скорби устах,
И бедные вспомнить селения,
И родины кровь на холмах,

И слезы увидеть последние
О сгибшей навеки весне...
Пусть птицы тоскуют вечерние
О тихой и светлой красе.

СОДЕРЖАНИЕ

Ночная даль

Серебряные луны

Дмитрий Борисович Держируков

НОЧНОЙ ЛИСТОПАД

Генеральный директор издательства
С. М. Макаренков

Ответственный за выпуск *Г. М. Треер*
Технический редактор *Е. А. Крылова*
Компьютерная верстка: *О. А. Донецкова*
Корректор *А. Б. Иванова*

Подписано в печать с готовых диапозитивов
02.08.2006 г.
Формат 80×100/32. Гарнитура «PetersburgC».
Печать офсетная. Печ. л. 5,0. Тираж 1000 экз.
Заказ № 4561

ООО «ИД «РИПОЛ классик»
107140, Москва, Краснопрудная ул., д. 22а, стр. 1
Изд. лиц. № 04620 от 24.04.2001 г.

Адрес электронной почты: info@ripol.ru
Сайт в Интернете: www.ripol.ru

Отпечатано в ОАО «ИПК «Ульяновский Дом печати»
432980, г. Ульяновск, ул. Гончарова, 14